TRIBUT

DE MON DERNIER HOMMAGE

AUX MANES

DE M. L.-S. MERCIER,

AUTEUR DU TABLEAU DE PARIS;

PAR VARROT.

IMPRIMERIE DE Mme. V^e. PERRONNEAU.

PARIS,

Chez GERMAIN MATHIOT, Libraire, quai des Augustins, n°. 25.

1814.

TRIBUT

DE MON DERNIER HOMMAGE

AUX MANES

DE M. L.-S. MERCIER (1).

LE *Journal des débats* du 13 mai dernier est sous mes yeux.
Je n'y peux lire sans indignation la *diatribe* de M. *Dussault*
contre M. MERCIER. Cependant je ne garderai pas le silence :
il est de mon devoir de répondre affirmativement. Je le
ferai, non par un *éloge*, mais par un *jugement impartial* sur
l'auteur du *Tableau de Paris*, qui trouvera, j'espère, des appro-
bateurs dans ceux même qui auraient quelque intérêt à le
critiquer...... Ce sera ma première et ma dernière réponse à
M. *Dussault.*

M. *Dussault* a beaucoup de moyens sans doute, et qu'il
devrait mieux employer. Quelque facile que soit la satire ou
l'amère critique, croit-il donc en imposer par un talent qui

---

(1) Après avoir donné des larmes sincères à la mort de mon illustre
maître, après avoir jeté quelques fleurs sur sa tombe, j'ai cru devoir
honorer publiquement sa mémoire, en publiant cet écrit, où l'homme
et l'écrivain sont jugés impartialement.

Je me propose de publier un jour l'histoire de sa vie, à laquelle je
joindrai des pièces posthumes qui n'ont pas encore été imprimées, dont
j'ai déjà recueilli des originaux et des copies.

Je mettrai sous peu au jour plusieurs ouvrages philosophiques.

lui donne beaucoup d'avantage sur ceux qui, quoique avec de l'esprit et du jugement, craignent de se mesurer avec lui? Cette crainte est pusillanime, lorsque l'on ne doit considérer que la justice et la vérité.

Voilà ce que j'ai cru devoir observer à M. *Dussault*: je me bornerai là. Les disputes littéraires peuvent amuser le public un instant; mais il en coûte à un auteur naissant et avare du tems, de s'engager dans une lutte qui ne peut manquer de lui causer des regrets. En cela il fera toujours bien d'imiter le sage Fontenelle. Il n'est jamais honorable d'insulter à la cendre des morts : c'est du vivant de l'homme même qu'il faut écrire et parler contre lui.

JUGEMENT IMPARTIAL

Sur M. Louis - Sébastien MERCIER , *Membré de la troisième classe de l'Institut de France , né à Paris , le 6 juin 1740 , et mort dans la méme ville le 25 avril 1814.*

M. MERCIER est l'un de ces écrivains qui obtiennent de grands succès chez l'étranger, des persécutions dans leur pays, et des statues après leur mort.

Tous ses écrits portent le cachet de l'originalité ; dans tous on aperçoit l'orateur de l'humanité plaidant contre les abus. Son genre lui a fait beaucoup de prosélytes ; son style sera toujours recherché partout, parce qu'il semble avoir pour longtems le privilége de la nouveauté. Sa touche est de lui seul.

Il était né avec les passions des sens et de l'imagination ; il leur donna néanmoins peu de latitude sans savoir les combattre ni les étouffer. Un physique agréable, une profonde sensibilité, un bon naturel, qu'il ne déguisait ni dans la société, ni dans la solitude, ne le garantirent pas toujours contre les écarts du cœur. Il usa sans excès de tous les plaisirs de la jeunesse, auxquels il n'accorda que les desirs qui s'éteignent avec l'adolescence.

Sa conversation était très-agréable, quoiqu'il parlât beaucoup du cerveau. Il était peu communicatif, et il n'accorda une entière confiance à personne. Son meilleur ami n'a jamais su son secret. Soit qu'il eût été trahi par ses prétendus amis, soit que son amitié pour une femme qui l'a complètement trompé, ait refroidi toutes ses autres affections, il avait une extrême réserve dans ses épanchemens. Il oublia néanmoins cette réserve avec moi, pour se livrer à l'effusion de son âme, et goûter la plénitude de ces sentimens délicats qui rendent heureux dans l'adversité même. Ses lettres sont pleines du charme de ces sentimens qu'il aimait à prodiguer à son élève. Je ne crois pas qu'il ait ainsi abandonné son imagination à d'autres qu'à deux ou trois personnes qu'il chérissait également, et qui le payèrent bien de retour.

Son cœur le trompa, et son imagination l'égara davantage ; car elle lui tint souvent lieu de mémoire et d'érudition. Voilà pourquoi il s'est quelquefois contredit dans sa vie privée comme dans ses ouvrages, où l'on ne peut s'empêcher de remarquer quelques paradoxes. Ces défauts néanmoins sont bien rachetés et effacés par une foule de pensées exprimées énergiquement.

M. MERCIER non-seulement n'avait pas de fiel, mais il pardonnait facilement. Il était extrêmement indulgent envers ses ennemis. *Gilbert* décocha contre lui un trait mordant dans sa *Satire du dix-huitième siècle*. Le poète se voyant dans la misère, vint trouver l'auteur qui se vengea en lui donnant du pain. Je pourrais citer mille traits de ce genre.

Il se plaçait à propos à côté de ceux qu'il consolait et qu'il protégeait ; il avait sur-tout l'art d'éloigner la contrainte. Loin de ressembler à ces orateurs qui font un éloge empoulé de la vertu, il préchait la morale par l'exemple. Voilà, à mon avis, l'homme, le sage et le citoyen. Il s'est peint souvent dans ses écrits, où l'on aime reconnaître ce patriotisme, cette profonde sensibilité, cette simplicité de mœurs qui le distinguaient. Riches superbes, rougissez de votre avarice, et apprenez de lui combien il est doux de faire des heureux.

Il fut l'apôtre de la philosophie, comme l'auteur d'*Emile* en avait été l'orateur et le martyr. « J'entends par ce mot, dit-il, « dont on a sans doute abusé, l'être vertueux et sensible qui « veut fortement le bonheur général, parce qu'il a des idées « précises d'ordre et d'harmonie. » L'Attila de la France redoutait sa plume ; il connaissait la fierté de l'écrivain et les principes de celui qui avait été son ami. Quoique ombrageux à l'excès, Buonaparte n'osa jamais le faire arrêter, quoiqu'il sut que M. MERCIER détestait la tyrannie, et qu'il ne taisait pas la haine qu'elle lui inspirait.

Il a aussi combattu le monstre du fanatisme déja combattu

par d'autres philosophes ; il s'est mesuré contre le géant de la superstition théologique ; il a terrassé l'hydre de la philosophie (1), et a lancé des traits vigoureux contre les sophistes de toute espèce. Ces traits suffiraient pour lui mériter l'hommage de la génération du siécle naissant.

Il a appelé les arts dans sa patrie, et a donné de justes éloges à ceux qui les perfectionnent et aux Mécènes qui les protègent.

Il a particulièrement estimé les Anglais. Il avait raison de préférer le peuple philosophe à ces nations qui ne se sont élevées que pour le malheur de l'espèce humaine, et qui ne se sont rendues fameuses que par de grands crimes et des actions d'éclat, qui n'ont en elles-mêmes aucun mérite aux yeux du sage.

Il a porté un coup terrible à la secte scolastique. Lorsque je songe à l'orgueil de ces fanatiques qui prétendaient posséder à eux seuls la science de la raison, de l'intelligence et du génie, je ne peux m'empêcher d'établir un parallèle entre ma nation et le peuple britannique. En vérité, jusqu'au dix-huitième siècle nous étions des nains, à l'exception de quelques têtes sublimes, et les Anglais étaient les géans.

Il s'est montré le mutilateur de la littérature. Je ne l'approuve pas dans toutes ses coupures ; mais du moins cette disposition peut avoir de bons effets. On devrait abroger cette loi qui oblige tous les auteurs et tous les écrivains du jour à déposer un exemplaire de toutes leurs productions à la bibliothèque publique. Bientôt il faudra des magasins plus vastes que le Louvre et le Luxembourg, si le Gouvernement n'ordonne pas un choix sévère des ouvrages d'esprit. Ce choix est nécessaire et pour lui et pour la nation. Peut-être s'y déterminera-t-on dans quelques années : le souverain ne le pourrait pas aujourd'hui ; il faut qu'il s'occupe avant de cicatriser la blessure de l'Etat qui saigne encore.

L'opinion de M. MERCIER sur Voltaire, J.-J. Rousseau,

____

(1) La philosophie a aussi sa superstition. Les philosophes outrés méritent d'être flétris : cette punition est du ressort de la législation civile.

Cromwell, Horace , Fénélon, Thomas, Moyse et Mahomet, fait honneur à sa sagacité. Il a porté un jugement sur Louis XIV que nos enfans apprécieront mieux que nous. Il est certaines pensées que nous ne savons pas analyser, fussent-elles nées chez nous.

Le siècle où l'on vit, dit-il quelque part, est pour nous le siècle le plus reculé. Ecrivains , méditez cela.

J'aime en lui l'orateur et l'avocat des gens de lettres estimables dont l'envie cherchait à empoisonner le mérite. Leurs ouvrages font son éloge , et justifient mieux son opinion que tous les dis-cours oratoires.

Son théâtre est une école de mœurs où il s'est plu à peindre le bonheur domestique.

Il a réfuté pleinement toutes ces hypothèses qui s'appliquent aux malheurs de l'espèce humaine, dans lesquelles des têtes brûlées voudraient prouver que tout est mal. Avant de porter un jugement téméraire qui accuse la Providence , n'est-il pas plus raisonnable de remonter aux causes , et d'étudier le principe déterminant et électrique des évènemens qui frappent nos sens et qui effraient notre imagination ?

Sa sagacité n'a pu atteindre l'abyme de la physique, quoiqu'il en connût les avantages. Il a néanmoins produit des disserta-tions savantes qui méritent d'être commentées , et de fixer la réflexion des naturalistes. Hors le moral, tout est physique , même certaines parties de la chimie qu'on en voulait séparer. L'*électricité* enfin a levé le voile qui en cachait les rapports et l'action. Les étonnantes découvertes que M. Girardin, physicien très-avantageusement connu , a faites et perfectionnées dans cette partie, sont autant de miracles ; car il a imprimé à son art les progrès et les résultats d'un siècle. Dira-t-on que j'exagère lorsque cet artiste distingué applique les effets de ses machines au soulagement de l'humanité souffrante (1) ?

_____

(1) Dans un moment où l'on s'occupe avec intérêt des établissemens de la capitale , destinés au soulagement des infirmes , le public ap-prendra sans doute avec satisfaction , qu'il en existe un unique en son

M. Mercier a fait une guerre ouverte au luxe. Ses armes étaient la misère du peuple, les vexations des nobles et du clergé, et les abus de ces deux corps si vains et si puissans.

Il a plaidé chaudement en faveur de la liberté de la presse. Il s'est élevé contre ses oppresseurs, et les a flétris dans ces théologiens et ces censeurs qui nous obligeaient à porter nos chef-d'œuvres chez les typographes étrangers.

Il déclama avec raison contre les sépultures privées. Cependant il y aurait une foule d'objectious à faire, qui prouveraient que quelques-unes de ses dispositions peuvent être modifiées. Mais il n'est pas encore tems de parler sur un sujet aussi grave.

Il frappa d'anathême le coryphée du Pinde, Boileau Despréaux, plat courtisan de Louis XIV, et qui avait écrit : *rien n'est beau que le vrai*, précepte en hémistiche auquel il a menti impunément.

D'autres poètes, envieux et méchans comme lui, n'obtinrent point de grâce au tribunal de notre philosophe. Il est honteux pour l'éloquence et les belles-lettres que le caractère sacré de la poésie soit avili par ceux qui sont nés pour l'ennoblir.

Il n'y a rien de plus touchant que sa morale religieuse, où il aimait à réfléchir quelquefois son âme sensible. Quand il parle du Créateur, on devient son apôtre, on s'identifie avec lui, on aime à penser comme lui ; ses leçons sont simples et augustes comme celui qui les donne ; c'est un cours de démonstration qui convertirait l'athée même.

Il contracta des liaisons vertueuses ; et quand il a voulu peindre l'amitié, il a pris ses amis pour modèles : on peut juger de ses sentimens. Il aurait dû esquisser aussi un tableau de l'amitié conjugale ; mais je doute qu'il en eût puisé le sujet dans son ménage. Cependant lisez sa *Maison de Socrate*, comédie, il

---

genre. Les succès de l'*électricité médicale*, dirigée par M. Girardin, sont suffisamment appréciés depuis trente-deux ans. Je ferai connaître particulièrement ce physicien dans un ouvrage que je publierai incessamment. J'ose me flatter de convaincre les incrédules, et de réunir quelques suffrages en faveur de l'électricité médicale.

y a peint trait pour trait mademoiselle *Machard*, devenue sa femme, dans le portrait de l'admirable *Xantippe*. Il conserva longtems la miniature d'une femme qu'il avait connue en Suisse : je ne l'ai plus revue dans les derniers jours de sa vie. Madame MERCIER a la double faiblesse d'étudier l'alchymie et d'être jalouse : je ne suis plus étonné que le portrait ait disparu. Sa conduite envers son époux mourant ne lui fait pas d'honneur. Le Journal de Paris du 1er. mai dernier, l'accuse hautement ; elle se serait trouvée bien embarrassée si elle eût été tentée de faire une seule objection en sa faveur, ou pour se justifier. Tel fut le sort de *Delille*, le Virgile de la France. En général, les grands hommes sont crédules, et sont plus sujets que d'autres à tomber dans les piéges tendus par la malice et l'adresse d'un sexe qui rit de la docte philosophie.

Les songes de l'*Optimisme*, de *la Fortune et de la Gloire*, de *la Royauté et de la Tyrannie*, de *la Cupidité*, d'un *Monde heureux*, de *Sémiramis*, de l'*Opulence* et de *Mahomet*, frappent l'imagination ; l'on réfléchit encore après les avoir lus. Ils ont quelque chose qui fait rentrer en soi-même et qui fait peur.

M. MERCIER a fait cinq chapitres et discours sur les malheurs de la guerre. Ces morceaux sont d'une éloquence terrible ; ils feraient pâlir les tyrans mêmes, et la leçon serait salutaire. Il y épuisa une partie de sa sensibilité, afin que l'effet ne fût point équivoque.

Il avait des connaissances assez étendues dans les sciences, il en est peu qu'il n'ait observées ; mais il n'en a approfondi aucune. Soit qu'il les traite, soit qu'il les discute, soit qu'il raisonne sur un objet scientifique, ses observations sont bornées et ne sortent jamais du cercle qu'il semble avoir tracé avec le compas de Montaigne.

Il a créé de nouvelles lumières sur le systême obscur et ana—lysé de la politique ; il en a montré l'ensemble, les ressorts et la progression ; il en a décomposé le problême pour le présenter ensuite sous des formes plus agréables ; il semble enfin s'être particulièrement attaché à expliquer Rousseau, Montesquieu et

Locke. Ce qui lui fera infiniment d'honneur dans tous les tems ; c'est qu'en dissertant sur la politique, il prouve son utilité en exposant ses principes, et il en applique avec force les résultats au bonheur de l'espèce humaine.

Son *Tableau de Paris* (1) ne mourra jamais. Si un Anglais faisait le *Tableau de Londres*, il lui faudrait le même degré de sensibilité de M. MERCIER, et sur-tout son coup d'œil, qui vaut la mesure du compas.

On lui reproche d'avoir répété les mêmes critiques dans ce fameux ouvrage, après la publication des quatre premiers volumes. Voici un fait incontestable qui doit, sinon justifier ces prétendues redites, du moins excuser la cause qui y donna lieu.

M. Lenoir, lieutenant de police, ayant appris que M. MERCIER était l'auteur de cet ouvrage, le fit appeler près de lui. Après avoir loué son talent littéraire, il l'engagea à le consulter avec confiance sur la suite de son travail, lui promettant de l'aider de ses lumières, et de lui éviter des désagrémens. M. MERCIER accepta la proposition de M. Lenoir (faute très-grave), et continua son *Tableau*. L'homme de lettres était né avec une timidité qui devenait quelquefois pusillanime ; comme elle le maîtrisait dans certaines situations, il devait affaiblir alors, pendant quelque tems, le type moral et original de l'*An 2440*. Ayant à consulter un homme puissant, et devant lui communiquer ses articles manuscrits, le *Tableau de Paris* dut perdre nécessairement de son prix, et sur-tout ces expressions transcendantes et stoïques qui flattent, qui persuadent et qui entraînent la multitude.

Les quatre premiers volumes qui achevèrent sa réputation furent imprimés en Suisse. L'aspect d'un peuple fier de sa liberté républicaine, donna au genre d'écrire de M. MERCIER ce ton ferme et persuasif qui caractérise l'homme de bien ; mais l'in—

---

(1) Des savans de Londres m'ont assuré qu'on avait de la peine à l'entendre en Angleterre, et à saisir l'intention de l'auteur. Les Anglais ne le regardent pas moins comme un grand homme.

fluence de l'esprit helvétique n'eut plus d'empire sur ses principes, aussitôt qu'il respira l'air vicieux de la capitale. Il eût été
du moins dans son élément parmi les Anglais ; il était né Français,
et il se laissait trop souvent dominer par l'opinion régnante. Il
supporta les fers de l'esclavage sous le régime du terrorisme avec
autant d'héroïsme que de courage ; mais il lui manquait
l'accent de Socrate et la fierté de Brutus pour être tout-à-
fait lui.

Le plaisir sans égal serait de fonder la félicité publique, épi-
graphe du premier volume de l'*An 2440*, dont il a prouvé la
justesse et la vérité dans toutes ses productions. Elle annonce de
grandes vues, et fait connaître le bon citoyen dans l'écrivain.

Je regrète qu'il n'ait pas pris la plume de Tacite. Il le pouvait, et il s'est borné à amasser des matériaux ! Ce n'était pas
assez d'avoir produit les *Portraits des rois de France*, et quelques
chapitres dans l'*Histoire des hommes*, et dans les *Annales pa-
triotiques et littéraires*, il fallait encore écrire l'histoire des
peuples du XVIIIe. siècle. Cet ouvrage eût éclairé la génération
actuelle. Puisque les souverains tiennent le talisman de la félicité
publique, pourquoi ne pas évoquer la terrible vérité, la vérité
décente, et la leur présenter sous les traits aimables de la philosophie? On a déjà beaucoup fait à cet égard sans doute; mais
j'oserai dire que presque tous les historiens se sont trompés. Les
maux politiques accusent leur plume et leur ineptie, et ils ont
osé repousser cette voix puissante et sacrée !

La morale de M. MERCIER est d'un homme qui aurait voulu
être Henri IV ou Marc-Aurèle, pour régner sur l'univers, afin
qu'il n'y eût plus d'infortunés sur la terre. Je doute qu'il soit
possible de faire des objections à cet égard contre ses principes. Si j'étais appelé à fonder une république, il serait mon
mentor, comme Montesquieu, Locke et Rousseau seraient mes
législateurs.

Il devint l'ami de Robespierre tant que ce dernier ne fut pas
dangereux ; il l'abandonna lorsqu'il le vit arriver au faîte de la
puissance et qu'il agita le fouet sanglant de la tyrannie. Mais
Robespierre ne le perdit point de vue : voyant qu'il n'obtenait

de M. MERCIER qu'un refus constant d'embrasser ses opinions politiques , il le fit enfermer à la Force avec les conventionnels qui avaient refusé de prononcer la déchéance du roi, et d'applaudir au sacrifice de ce prince infortuné. Ainsi, grace à l'empire que M. MERCIER avait sur l'esprit du Vandale , ses collègues ainsi que lui échappèrent à une mort presque inévitable , et qui, dans ces tems malheureux , était le triomphe de la plus saine partie de la nation , et la sauve-garde de la pudeur et des vertus.

M. MERCIER détesta également le régime de Buonaparte. Il énonçait hautement son opinion dans le tems que le Corse portait la terreur de Mars des rives de la Méditerranée aux bords de l'Escaut , qu'il ravageait la Hollande, la Prusse, l'Autriche et l'Espagne, qu'il dévastait une partie de la Russie , et qu'il gouvernait la France et ses provinces tributaires avec le sceptre de Philippe II et les principes de Machiavel. Ce qui fait infiniment d'honneur à M. MERCIER , c'est qu'il ne fit jamais taire l'indignation qui le soulevait contre le monstre de la guerre dans le tems où il embrâsait l'Europe.

Il fut intimement lié avec Buonaparte et sa famille. Lorsque celui-ci prit la couronne impériale, il invita M. MERCIER à l'aller voir aux Thuileries. *Non* , répondit modestement le philosophe, *je dois cesser de vous voir : nous nous reverrons dans l'an 244e.*

Il vécut et il mourut avec les principes d'un républicain. Il prédit la chûte de la constitution de l'an 3 , quand il vit Buonaparte précipiter les représentans du peuple à St.-Cloud, pour se faire nommer consul à la tête de ses grenadiers. Il prédit aussi le désastre du César.

M. MERCIER était au lit de la mort lorsqu'il apprit que Napoléon venait d'être dépossédé par son sénat ; il apprit cette nouvelle avec une extrême satisfaction. « Je vais bientôt quitter ce monde, « me dit-il , en faisant un effort pour me prendre la main qu'il « serra avec effusion ; mais je meurs content : j'ai vu l'aurore du « bonheur de la France... J'emporte, mon ami, l'espoir que « ma pauvre patrie ne sera plus déchirée par les factions. »

Il disait depuis longtems : « Je ne vis plus que par curiosité ,
« je veux voir ce que tout ceci deviendra. » Il est mort au moins
rassuré sur son pays, comme on vient de le voir.

Il eut toujours l'espoir de voir renaître le gouvernement républicain sur la cendre de ses législateurs , sans pouvoir se persua-
der que l'étendue de la France et l'esprit de la nation ont besoin
d'un autre système politique. Je lui observais souvent que non-
seulement la France ne pouvait être soumise au joug républicain , mais encore que l'aristocratie ni la démocratie ne lui
convenaient pas , et que d'ailleurs nos mœurs et les richesses du
sol y apportaient d'invincibles obstacles. M. Mercier sentait bien
le poids de ce raisonnement; et quoiqu'il ne pût me réfuter, il
ne restait pas moins fidèle à ses principes.

Je dois à sa mémoire, et pour l'honneur de sa plume, de publier ici une abjuration qu'il n'eut pas la force de livrer à l'im-
pression. Il n'avait qu'une connaissance bornée du monde
physique, quoiqu'il ait osé combattre Newton. Cette attaque
imprudente lui valut une foule de satires qu'il ne réfuta point ;
il laissa parler les critiques et il fit bien. Non-seulement je ne l'ai
jamais flatté, mais il m'autorisait à lui dire ce que je pensais de
ses ouvrages. Je ne lui dissimulai point les réflexions que faisaient
naître ses diatribes contre Newton et Lagrange, et il finit par
répondre que son intention n'était pas de les détrôner , mais de
les plaisanter avec l'arme de Momus. Un de ses amis lui fit de
vifs reproches à ce sujet , il convint enfin de ses torts et en sentit
le ridicule ; mais je ne crois pas qu'il ait réfuté ces chapitres
qui ont fait tant de bruit, qui ont été lus avec avidité, et qui
ont couvert son nom d'un vernis si désagréable.

Ceux qui lui ont reproché d'avoir accepté une place de con-
trôleur à l'administration de la loterie, après avoir écrit contre
le système de loterie, ne savent pas que cet écrivain, préférant
une honorable indigence plutôt que de trahir sa conscience en
écrivant pour le despotisme, et se trouvant chargé d'une famille
nombreuse, s'est vu forcé d'accepter une misérable place de
2,400 fr., ce qui doit le justifier aux yeux de tous ceux qui l'ont
connu.

Je l'ai vu dans ses derniers momens. L'espoir du juste et la sécurité du sage l'enveloppaient d'une auréole céleste ; il se souvenait dans cet instant mortel des bienfaits nombreux que sa main généreuse avait répandus, des larmes amères qu'il avait essuyées, des plaies qu'il avait cicatrisées. Vous qui le connaissiez, ne le retrouvez-vous pas à ces traits ?..... Heureux ! ô heureux, celui que de semblables souvenirs accompagnent en montant les marches effrayantes de l'éternité.

En exprimant ainsi mes regrets, je ne fais qu'ajouter un fleuron à sa couronne, je ne fais que confondre mes larmes avec celles de sa famille et de ses amis. Ma reconnaissance et son attachement, voilà mes titres ; le sang même pourrait-il en réclamer de plus légitimes ?

Lorsque le ciel permit aux parques de trancher le cours de sa vie, il vit sans crainte le moment fatal approcher. Dans cet instant déplorable, il pressentait déja mes regrets en voyant couler mes larmes sur une séparation dont je ne sentais pas encore tous les déchiremens. J'aurais voulu appeler l'univers autour de son lit, j'aurais voulu que tout le genre humain assistât au sacrifice le plus solennel de sa vie. « *Voyez ces mains*, au- « rais-je dit en rappelant son existence politique, *il n'y a ni* « *une goutte de sang dessus ni une obole dedans.* » Que dis-je ! loin de ressembler à ces Crésus de la révolution, qui se sont enrichis des dépouilles de leurs victimes, la fortune le combla longtems de ses faveurs ; mais pouvait-il être heureux, être riche, quand il avait des infortunés à soulager ?

A cette époque si funeste à la France, où Robespierre s'empara du souverain pouvoir, M. MERCIER fit entendre quelquefois une voix courageuse à la tribune de la convention. Il occupait encore l'une des chaises curules lorsque les triumvirs osèrent juger l'infortuné Louis XVI. M. MERCIER voulait rentrer dans la classe des citoyens paisibles, afin de se séparer des cannibales pour ne pas tremper ses mains dans le sang innocent. Mais on rejeta son vœu pour ne lui laisser que le choix de condamner à l'échafaud de malheureux proscrits, ou de descendre lui-même les marches ensanglantées des cachots de la tyrannie. Vertueux et courageux

MERCIER, tu préféras les fers et la captivité, tu présentas tes mains pures au bourreau, plutôt que d'accorder une voix qui hâtait le supplice de quelques justes. Va, ombre heureuse, va visiter l'ombre sanglante de ces malheureux que ton éloquence n'a pu sauver; va leur porter enfin, avec le vœu de l'Europe régénérée, le repentir du régicide que la France vient d'expier en replaçant les fils de Henri sur le trône des lys.

O MERCIER! bientôt ton élève essaiera de marcher sur tes traces. Du haut des cieux, reçois son serment : IL N'ÉCRIRA PAS UNE PAGE QUI NE SOIT APPROUVÉE PAR LA VÉRITÉ, PAR LA JUSTICE ET LA VERTU. Puisse-t-il ainsi justifier ta noble confiance et récompenser tes soins paternels !

FIN.